BOEKANALYSE

AF156526

De reis om de wereld in 80 dagen

. . . .

Jules Verne

BOEKANALYSE

Geschreven door Pauline Coullet
Vertaald door Nikki Claes

De reis om de wereld in 80 dagen

Jules Verne

JULES VERNE

FRANSE SCHRIJVER

- **Geboren in Nantes in 1828**
- **Overleden nabij Parijs in 1905**
- **Opmerkelijke werken:**
  - *Reis naar het middelpunt van de aarde* (1864), roman
  - *De reis om de wereld in 80 dagen* (1873), roman
  - *The Mysterious Island* (1874), roman

Jules Verne, geboren in 1828 in Nantes, ging aanvankelijk rechten studeren en publiceerde na 1852 een toneelstuk en verschillende korte verhalen. Hij raakte bevriend met Jacques Argo (Frans schrijver en ontdekkingsreiziger) en ontmoette ontdekkingsreizigers en wetenschappers. Zijn eerste roman, *Five Weeks in a Balloon* (1863), was ongelooflijk succesvol. Het was het begin van de *Voyages extraordinaires*, die bestonden uit 18 korte verhalen en 65 romans, waaronder *Journey to the Centre of the Earth* (1864), *Twenty Thousand Leagues Under the Sea* (1869), *Around the World in Eighty Days* (1873), *The Mysterious Island* (1874) en *Michael Strogoff: De koerier van de tsaar* (1876), onder andere. Deze werken, die putten uit een schat aan documenten en avontuur, anticipatie en verbeelding combineren, weerspiegelen de belangstelling van de auteur voor de technologische vooruitgang van zijn tijd en zijn passie voor reizen.

De dood van zijn redacteur en vriend Jules Hetzel in 1886 en het afnemen van zijn belangstelling voor de wetenschap betekenden een keerpunt in zijn carrière. Hij stierf in 1905 in Amiens. Tegenwoordig is hij een van de meest vertaalde Franstalige auteurs ter wereld.

DE REIS OM DE WERELD IN 80 DAGEN

EEN WEDDENSCHAP VOLGDE

- **Genre:** avonturenroman

- **Referentie-uitgave:** Vernes, J. (2012) *De reis om de wereld in 80 dagen*. Trans. Makepiece Towle, G. [Online]. Planet Publish. Beschikbaar via: <http://www.planetebook.com/ebooks/Around-the-World-in-80-Days.pdf>

- **Eerste uitgave:** 1873

- **Thema's:** reizen, avontuur, uitdaging, ontdekking, achtervolging, gevaar

De avonturenroman *Around the World in Eighty Days*, die in 1873 werd gepubliceerd, kende een groot succes en een uitzonderlijke oplage, vele vertalingen, een theaterbewerking en de creatie van aanverwante koopwaar (beeldjes van Phileas Fogg, spelletjes, enz.). Lezers worden gecharmeerd door de ongelooflijke reis van de Engelsman Phileas Fogg, die de weddenschap aanging dat hij in tachtig dagen rond de wereld kon reizen, waarbij hij verschillende vervoermiddelen gebruikte: boot, trein, olifant, slee, enz. Zijn reis zou navolging krijgen en verschillende avonturiers zouden daadwerkelijk hetzelfde proberen, onder de in de roman gegeven omstandigheden.

SAMENVATTING

HOOFDSTUKKEN 1-3

De mysterieuze Phileas Fogg woont in Londen. Hij is een rijke vrijgezel die de meeste tijd doorbrengt in zijn club. Op een dag in 1872 neemt hij een nieuwe bediende in dienst: een Fransman genaamd Jean Passepartout die, na verschillende banen te hebben gehad, graag een rustige baan wil. Hij is blij dat hij een baan heeft gevonden bij Phileas Fogg, wiens leven op rolletjes loopt en wiens huis comfortabel en netjes is.

Op een avond, tijdens een partijtje whist in de Reform Club, praten de mannen over een belangrijke diefstal bij de Bank of England. Maar de dief zal snel gepakt worden, want we kunnen nu de wereld rond in "slechts tachtig dagen" (blz. 17-18), beweert Phileas Fogg, die zijn halve fortuin inzet op de mogelijkheid om de uitdaging te volbrengen en op 21 december 1872 terug te keren. Hij legt de etappes van de reis in detail uit.

HOOFDSTUKKEN 4-5

Bij zijn terugkeer naar zijn huis beveelt hij Passepartout, die niet erg gelukkig is, een lichte koffer te pakken en deelt hem mee dat hij op expeditie gaat en dat hij voor de reis de helft van zijn fortuin meeneemt.

De Engelsen, die geïnteresseerd zijn in weddenschappen en in geografie, raken zeer betrokken bij het avontuur en een nieuwe obligatie, de "Phileas Fogg bond", wordt genoteerd op de beurs. Maar al snel gaan er geruchten dat Fogg de dief is en dat hij deze reis maakt om aan de politie te ontsnappen.

HOOFDSTUKKEN 6-8

Een week later wacht Fix, een detective die in Suez, de eerste halte van Foggs reis, is gestationeerd, op de aankomst van de reiziger per boot, waarvoor hij door Londen was gewaarschuwd.

Phileas Fogg wil zijn paspoort "viseren" (er een visum in laten zetten) om zijn stop in Suez aan te geven. Fix kan hem echter niet arresteren, omdat hij geen arrestatiebevel heeft gekregen. De detective ondervraagt de loslippige Passepartout die hem op de hoogte brengt van het plan van zijn meester, waarin de volgende halte Bombay is. Hij vermeldt ook de grote som geld die Fogg bij zich heeft. Fix besluit hen te volgen.

HOOFDSTUKKEN 9-11

Op de boot speelt Fogg, die onverstoorbaar is, whist terwijl Passepartout bezienswaardigheden bezoekt in hun aanloop-havens. Dankzij de gunstige wind komt de boot twee dagen eerder aan in Bombay. Fogg krijgt een "visum" voor zijn pas-poort. Fix is teleurgesteld: het arrestatiebevel is nog steeds niet aangekomen. Bij Passepartout wordt ondertussen een schoen uitgetrokken door een priester in een hindoetempel.

Omdat de spoorlijn die hen naar Calcutta moest leiden niet klaar is, besluit Fogg de reis voort te zetten op de rug van een olifant, vergezeld van Sir Cromarty, die hij op de boot heeft ontmoet, en een gids.

HOOFDSTUKKEN 12-15

Tijdens een ongemakkelijke tocht door het bos stuiten de Engelsen op een hindoeïstische begrafenisstoet: een jonge weduwe moet samen met het lijk van haar man worden verbrand. Fogg, die nog twaalf uur voorloopt op het schema, besluit haar te redden: als de nacht valt, omsingelt de groep de pagode waar het offer moet plaatsvinden en na de bewakers te hebben misleid, ontvoert Passepartout de vrouw, die al op de brandstapel is vastgebonden.

Na Sir Cromarty verlaten te hebben, nemen Fogg en Passepartout een trein naar Calcutta, vergezeld van de weduwe, die Aouda heet. Maar Fix is ter plaatse en heeft, om Fogg op te houden, Passepartout uitgeleverd aan de plaatselijke politie voor het incident met de schoenen, op grond waarvan hij wordt veroordeeld tot acht dagen gevangenisstraf. Fogg besluit de forse borgsom te betalen in plaats van tijd te verspillen.

HOOFDSTUKKEN 16-19

Op 25 oktober vertrekken ze naar Hongkong en Fogg ontfermt zich over Aouda. Fix klimt discreet aan boord en wil Fogg in Hong Kong, dat Brits grondgebied is, arresteren. Passepartout, geïntrigeerd door de aanwezigheid van Fix, die weer aan hun zijde is, leidt af dat hij een lid is van de Reform Club die ervoor zorgt dat de reis verloopt zoals gepland, terwijl de detective denkt dat de echte reden voor zijn aanwezigheid is ontdekt.

In Hong Kong kan Fogg het familielid dat Aouda wilde contacteren niet vinden. De jonge vrouw zet daarom de reis met hem en Passepartout voort.

In een opiumhol vraagt Fix aan Passepartout om te helpen Fogg (die de volgende dag naar Japan zal vertrekken) in Hongkong te houden, omdat het arrestatiebevel nog steeds niet is aangekomen. Hij onthult daarom zijn echte missie, maar de bediende is niet bereid in de oneerlijkheid van zijn meester te geloven. Fix laat hem daarom opium roken tot hij in slaap valt, in de hoop Foggs vertrek uit te stellen.

HOOFDSTUKKEN 20-23

De volgende dag verneemt Fogg dat de boot, die eerder klaar was dan verwacht, de dag ervoor is vertrokken, zonder dat iemand hem dat heeft verteld. Fix is blij dat het volgende vertrek pas acht dagen later is, maar Fogg vindt een kleine boot die naar Shanghai vertrekt, en van daaruit kan hij dan Yokohama bereiken. Hij vraagt de politie om Passepartout, die niet is komen opdagen, te vinden en te repatriëren. Fix gaat ook aan boord van de boot.

De kapitein, gemotiveerd door de grote beloning die hem door Fogg is beloofd, doet er alles aan om op tijd in Shanghai aan te komen, maar een tyfoon vertraagt hen. Als hij Shanghai nadert, steekt hij zijn vlag halfstok om de aandacht te trekken van het lijnschip dat Fogg wil meenemen, maar het is te laat: het verlaat de haven al.

Ondertussen is Passepartout, ontwaakt uit zijn verbijstering en in het opiumhol gewaarschuwd voor het vroege vertrek van de boot naar Japan, meteen die avond aan boord gegaan in de veronderstelling dat zijn meester aan boord was. Op 13 november komt hij aan in Yokohama, alleen en zonder een cent op zak. Om te overleven sluit hij zich aan bij een troep Japanse komieken en vindt tijdens een optreden Fogg en Aouda terug.

HOOFDSTUKKEN 24-31

"Op de negende dag na zijn vertrek uit Yokohama had Phileas Fogg precies de helft van de aardbol afgelegd" (blz. 176). Hij is nu op weg naar Amerika. Fix zit op dezelfde boot als hij, met het beroemde arrestatiebevel eindelijk in handen. Het bevelschrift is echter onbruikbaar omdat Fogg zich niet meer op Brits grondgebied bevindt. Daarom besluit hij hem te volgen naar Londen. Op 3 december komen ze aan in San Francisco.

Na een bezoek aan de stad en het bijwonen van een levendige politieke bijeenkomst nemen de reizigers de trein naar New York, de voorlaatste halte van de reis. Aouda lijkt steeds meer gehecht te raken aan Fogg, die haar slechts zijn gebruikelijke beleefdheid toont.

Tijdens de reis door de Verenigde Staten bewonderen ze de gevarieerde landschappen en raakt Passepartout bevriend met een mormoon die de gebruiken van zijn gemeenschap uitlegt. De passagiers zijn ontzet wanneer de trein op topsnelheid een brug oversteekt die het lijkt te begeven onder de sneeuw en die net nadat ze zijn overgestoken instort.

Fogg en zijn metgezellen spelen whist om de tijd te doden. Een Amerikaan die Fogg tijdens de ontmoeting in San Francisco al heeft beledigd, beschuldigt hem nu van valsspelen. De twee mannen besluiten te vechten aan de achterkant van de trein, maar deze wordt aangevallen door Sioux. Omdat de machinist gewond is, neemt Passepartout de controle over de operaties over en stopt de trein bij het volgende station, waardoor de Indianen vluchten.

Drie passagiers, waaronder Passepartout, zijn verdwenen. Fogg gaat hen zoeken, samen met een paar andere mannen die zijn overgehaald door de enorme beloning die hen door de Engelsman is beloofd. Hij slaagt erin hen uit de handen van de Indianen te wringen, maar hij heeft twintig uur verloren en de trein is zonder hem vertrokken.

Fix, die het spoor van Fogg niet wil kwijtraken, vindt een sleeër die hen naar Omaha (Nebraska) kan brengen, waar ze op de trein naar Chicago zullen stappen. De reis is moeilijk door de kou en de wind, maar ze komen op tijd aan. Op 10 december zijn ze in Chicago, en op 11 december in New York. De boot die hen naar Liverpool moest brengen is echter 45 minuten geleden vertrokken.

HOOFDSTUKKEN 32-33

Fogg slaagt erin, door 8000 dollar te bieden aan een bootkapitein, met zijn bediende, Aouda en Fix (voor wiens reis hij betaalt) op een boot naar Bordeaux te stappen. Vervolgens koopt hij de bemanning om, sluit de kapitein op en zet op topsnelheid koers naar Liverpool. Omdat er niet veel kolen zijn, wordt een deel van de boot verbrand om de ketels te laten werken. "Phileas Fogg gaat eindelijk van boord op de kade van Liverpool, om twintig minuten voor twaalf, 21 december" (blz. 258). Fix kan hem nu arresteren.

HOOFDSTUKKEN 34-37

Nu zijn meester in de gevangenis zit, betreurt Passepartout dat hij hem niet heeft gewaarschuwd voor de missie van Fix, waardoor hij zijn verdediging had kunnen voorbereiden. Maar enkele uren later krijgt de detective spijt en laat hem vrij: de echte dief is drie dagen geleden gearresteerd. Fogg huurt daarom een privé-trein, tegen een astronomisch bedrag, om naar Londen te komen, maar hij komt vijf minuten te laat aan.

Hij verstopt zich in zijn huis, bijna geruïneerd, want hij heeft de weddenschap verloren, maar hij blijft kalm. Aouda bekent hem haar liefde en vraagt hem ten huwelijk, wat hij aanvaardt, en hij bekent ook zijn vurige gevoelens voor haar. Passepartout neemt contact op met een dominee en vraagt hem de volgende dag, een maandag, te trouwen. Maar de dominee zegt dat hij op zondag geen huwelijk kan voltrekken. De bediende vertelt zijn meester dus dat hij 24 uur te vroeg is aangekomen: terwijl hij op zijn reis naar het oosten reisde, bewoog Fogg zich naar de zon toe en werden de dagen met elke gepasseerde graad vier minuten korter. Aangezien de omtrek van de aarde 360 graden is, heeft hij dus in totaal een dag gewonnen en kan hij triomfantelijk de Reform Club binnengaan omdat hij zijn weddenschap heeft gewonnen.

KARAKTERSTUDIE

PHILEAS FOGG

Op 40-jarige leeftijd wordt Phileas Fogg geïntroduceerd als een "geslepen man van de wereld" (p. 2), en als een van de meest opvallende leden van de Reform Club, waar hij de meeste tijd doorbrengt. Als raadselachtig personage intrigeert hij de mensen met zijn kalmte, zijn kalmte en zijn rustige persoonlijkheid. Hij woont alleen en volgt een onophoudelijke routine. Hij denkt echter niet na voordat hij de ongelooflijke uitdaging aangaat om in tachtig dagen rond de wereld te reizen en daar zijn halve fortuin op inzet. Geen van de onverwachte ongelukken die hem tijdens de reis overkomen, brengen zijn Britse stoïcisme aan het wankelen. Hij weet ook moed, toewijding en vrijgevigheid te tonen, bijvoorbeeld door Aouda te redden van de brandstapel en Passepartout te redden van de indianen, of door grote bedragen voor hen uit te geven. De jonge weduwe moet eerst haar liefde voor hem bekennen, zodat hij zijn aarzeling overwint.

PASSEPARTOUT

Passepartout is Frans: "hij was een eerlijke kerel, met een aangenaam gezicht, […] met een goed rond hoofd, zoals men graag ziet op de schouders van een vriend" (p. 9). Moe van de verschillende banen die hij heeft gehad (circusrijder, rondtrekkende zanger, sergeant brandweerman, etc.) is hij op zoek naar een rustiger baantje als hij voor Fogg gaat werken.

Hij volgt hem echter in zijn chaotische avontuur, waar hij uiteindelijk de smaak te pakken krijgt en waarin hij met zijn improvisatievermogen enkele kritieke situaties kan oplossen. Hij wordt geleidelijk aan dichter bij zijn vreemde meester en steunt hem tijdens zijn belachelijke weddenschap.

FIX

Fix is een van de detectives die naar de belangrijkste Britse havens zijn gestuurd om Fogg, die verdacht wordt van diefstal, te arresteren. Hij is een "kleine, lichtgebouwde persoonlijkheid, met een nerveus, intelligent gezicht" (p. 32). Omdat het arrestatiebevel dat hij nodig heeft om Fogg te onderscheppen steeds te vroeg of te laat aankomt in de verschillende steden waar ze naartoe reizen, wordt hij gedwongen hem te volgen en gaat hij ondanks zichzelf mee op de avontuurlijke reis. In het begin van het verhaal is hij diep geïrriteerd door Fogg, maar uiteindelijk krijgt hij respect en bewondering voor hem.

MEVROUW AOUDA

Mevrouw Aouda is volgens hindoeïstisch gebruik veroordeeld om samen met het lichaam van haar man te worden verbrand, maar wordt gered door Fogg en zijn metgezellen, die haar in India tegenkomen. Deze jonge en mooie Indiase vrouw heeft een Engelse opleiding genoten. Om te voorkomen dat ze wordt opgejaagd, besluit Phileas haar mee te nemen. Ze is Passepartout, die haar uit de vlammen heeft gered, zeer dankbaar en wordt al snel verliefd op Fogg, die zich voortdurend om haar bekommert. Uiteindelijk vraagt ze hem ten huwelijk.

ANALYSE

VERHALEND OVERZICHT

Beginsituatie: aan het begin van het verhaal, wanneer de scène zich afspeelt en de personages worden voorgesteld, is de situatie evenwichtig, wat betekent dat er geen reden is om te evolueren.

- Phileas Fogg, een Engelse gentleman van weinig woorden, leidt een ordelijk leven in Londen.

Ontregelend element: een gebeurtenis die de situatie verstoort en het verhaal zelf op gang brengt.

- Hij wedt met de leden van zijn club dat hij in tachtig dagen rond de wereld kan reizen.

Ontwikkelingen: dit zijn gebeurtenissen die door het verstorende element worden uitgelokt en die leiden tot een actie of acties van de hoofdpersoon om het probleem op te lossen.

- Hij vertrekt met Passepartout, zijn nieuwe bediende. Hij reist door India (waar hij gezelschap krijgt van Aouda, een ter dood veroordeelde weduwe), China, Japan en Amerika. Verschillende obstakels blokkeren zijn weg en hij wordt gevolgd door de detective Fix, die gelooft dat hij schuldig is aan een bankoverval. Maar hij komt vijf minuten te laat aan in Londen, waardoor hij denkt dat hij zijn weddenschap heeft verloren. Hij aanvaardt Aouda's huwelijksaanzoek.

Resultaat: dit maakt een einde aan de ontwikkelingen en leidt tot de conclusie.

- Hij verneemt dat hij in feite een dag te vroeg is aangekomen door het tijdsverschil.

Conclusie: dit is het einde van het verhaal. De situatie is weer stabiel, zoals de beginsituatie, maar heeft transformaties ondergaan.

- Hij keert triomfantelijk terug naar zijn club, want hij heeft zijn weddenschap gewonnen.

EEN AVONTURENROMAN

Het literaire genre van de avonturenromans, waartoe *Around the World in Eighty Days* behoort, ontstond in de tweede helft van de 19de eeuw, na romans als *Robinson Crusoe* van Daniel Defoe (1719). Deze romans werden vooral geschreven in het Verenigd Koninkrijk, met auteurs als Joseph Conrad (*Lord Jim*, 1900) en Robert Louis Stevenson (*Schateiland*, 1883), en in Frankrijk met Alexandre Dumas (*De drie musketiers*, 1844; *De graaf van Monte Cristo*, 1845) en Jules Verne. Het was populaire literatuur, die vaak als serie in kranten verscheen, en die vooral tot doel had de lezers vermaak en escapisme te bieden.

Avonturenromans hebben over het algemeen de volgende kenmerken, die we ook terugvinden in het hier bestudeerde werk:

- Zij geven een beeld van vele buitengewone ontwikkelingen. Als voorbeeld kunnen we de vele obstakels noemen die Phileas Fogg moet overwinnen: de gemiste treinen of boten, de redding van Aouda, de aanval van de Sioux, de verdwijning van Passepartout, enz.

- De spanning wordt voortdurend opgebouwd om de lezer geïnteresseerd te houden, dankzij verschillende onverwachte ontwikkelingen, die soms argwaan wekken over de waarheidsgetrouwheid van het verhaal. De laatste ontwikkeling in *Around the World in Eighty Days* is hier een goed voorbeeld van: terwijl de bedroefde lezer denkt dat Fogg de weddenschap heeft verloren, verneemt hij op de allerlaatste bladzijden dat een klein tijdsverschil, opgebouwd tijdens zijn reis, hem in feite een dag heeft doen winnen.

- Ze verwijzen naar een exotische werkelijkheid. De vele landen waar de Engelsman doorheen reist, worden door Jules Verne gedetailleerd beschreven, evenals de gebruiken van de plaatselijke bevolking. Zo worden de hindoeriten, de opiumholen in China of zelfs de Amerikaanse politieke bijeenkomsten realistisch weergegeven.

- We komen stock characters tegen, vaak zonder veel psychologische diepgang. Phileas Fogg wordt gekenmerkt door zijn luciditeit en zijn kalmte in elke situatie, terwijl Passepartout een onverschrokken, enthousiaste man is die volledig toegewijd is aan zijn meester. De mooie Aouda, het enige vrouwelijke personage in de roman, is heimelijk verliefd op de mysterieuze Fogg.

- De afgebeelde wereld is simplistisch. Er is een duidelijk onderscheid tussen goed en kwaad: Fogg, intelligent en edelmoedig, en Passepartout, vindingrijk en moedig, vertegenwoordigen het goede; terwijl bijvoorbeeld Fix, de bekrompen detective, de wrede Hindoe priesters en de woeste Sioux het kwade belichamen.

- Ten slotte is de doelgroep jongvolwassenen. De simplistische wereld van de avonturenromans verklaart misschien de jonge leeftijd van de meeste lezers van het genre: zij worden verleid door het stoutmoedige initiatief van Phileas Fogg en kunnen zich bijvoorbeeld identificeren met Passepartout, die met zijn moed Aouda van de dood kan redden of een trein op topsnelheid kan tegenhouden.

Around the World in Eighty Days voldoet daarmee aan de definitie van een avonturenroman zoals Robert Louis Stevenson die gaf: "De reconstructie van de droom van elke kleine jongen".

VERDER LEZEN

REFERENTIE-UITGAVE

Vernes, J. (2012) *De reis om de wereld in 80 dagen*. Trans. Makepiece Towle, G. [Online]. Planet Publish. Beschikbaar via: <http://www.planetebook.com/ebooks/Around-the-World-in-80-Days.pdf>

We horen graag van jou! Laat
een reactie achter op jouw online bibliotheek
en deel je favoriete boeken op social media!

www.50minutes.com

Master ISBN: 9782808688710
Papier ISBN: 9782808610117
Wettelijk depot: D/2023/12603/1291

Omslag: © Primento

Digitaal ontwerp: Primento, de digitale partner van uitgevers.